정약용

정약용

김은미 글 홍선주 그림

비룡소

오늘은 약용이가 연천으로 이사 가는 날이에요.

개울에서 함께 고기 잡고 놀던 친구들이 느티나무 아래에서 손을 흔들어요. 그동안 살았던 동네, 정들었던 마재가 자꾸만 멀어지네요.

"내 고향 마재, 안녕. 다시 만날 때까지 모두 안녕."

약용이는 1762년 지금의 경기도 남양주에 있는 마재에서 태어났어요.

그 무렵 약용이의 아버지는 벼슬을 그만두고 마재에 내려와 있었어요. 관리들이 서로 패가 갈려 싸우는 모습을 보고 실망했기 때문이었어요.

관리들은 서로 헐뜯고 싸우기에 바빠 백성들 돌보는 일은 뒷전이었어요. 약용이가 태어난 해에는, 왕과 왕자 사이를 이간질한 관리들 때문에 영조 대왕이 아들인 사도 세자를 뒤주에 가둬 죽이는 무서운 일도 일어났어요.

약용이가 여섯 살 때 아버지가 다시 벼슬을 하게 되었어요. 마재에서 학문 연구에 힘쓰던 아버지는 임금의 부름을 받아 경기도 연천의 현감(조선 시대에 지방에 파견된 지방관의 하나)이 되었지요.

아버지 덕분에 약용이는 백성들의 삶을 가까이서 지켜볼 수 있었어요. 연천 고을 백성들은 정말 부지런했어요. 이른 아침부터 해가 떨어질 때까지 한시도 쉬지 않고 일했지요.

그런데도 백성들은 늘 배불리 먹지 못했어요. 세금을 내지 못해 남의 집 머슴살이를 하는 사람들도 많았어요.
어린 약용이의 눈에 그것은 참 이상한 일이었어요.

"도련님, 도련님, 어디 계세요?"

친구들과 신나게 말뚝박기를 하던 약용이는 제천댁이 찾는 소리에 집으로 돌아왔어요.

그런데 집안 분위기가 이상했어요. 모두들 눈이 빨개져서 코를 훌쩍이고 있었지요.

"제천댁, 왜 울어요? 약전이 형, 왜 우는 거야?"

둘째 형 약전이가 조용히 말했어요.

"약용아, 어머니가 많이 편찮으셔."

약용이는 깜짝 놀라 어머니가 있는 방으로 얼른 들어갔어요.

어머니는 약용이의 손을 잡으며 힘없이 웃었어요.

"우리 약용이, 아버지랑 형들 말씀 잘 듣고, 이담에 꼭 훌륭한 사람이 되어야 한다. 약속할 수 있지?"

"어머니, 이제 다 나았다고 하셨잖아요. 어서 일어나세요. 빨리 일어나세요!"

약용이가 떼를 쓰자 어머니는 천천히 고개를 끄덕였어요.

"그래, 엄마는 금세 나을 거야. 우리 약용이, 이제 형이랑 가서 밥 먹어."

그제야 안심이 된 약용이는 어머니를 향해 씩 웃어 보였어요.

그러나 어쩌면 좋아요? 그리고 이틀도 못 되어 어머니가 세상을 떠났어요. 약용이는 겨우 아홉 살의 나이에 어머니를 잃고 말았지요.

"약용아, 나는 이제 집에 갈래. 울 엄마가 일찍 오랬어."

함께 놀던 영만이가 집으로 돌아가자 약용이의 표정이 뿌루퉁해졌어요. 둘째 형과 열심히 공부하던 약용이를 불러낸 건 영만이었거든요.

　약용이가 시무룩한 표정으로 집에 돌아가자 새어머니가 곶감을 꺼내 주며 말했어요.
　"우리 약용이 주려고 어머니가 감춰 뒀지."
　새어머니는 약용이의 누런 코를 닦아 주고 옷을 깨끗이 손질해 주었어요. 또 햇볕 잘 드는 마루에 눕혀 놓고 머릿니도 잡아 주었어요.
　"나는 새어머니가 정말 좋아. 새어머니가 오신 뒤로는 공부도 더 잘되는 것 같아."
　어머니가 돌아가신 후 마음 둘 데를 찾지 못하던 약용이는 새어머니의 사랑 속에 무럭무럭 자랐어요.

약용이는 어려서부터 책 읽기를 좋아했어요. 글재주가 뛰어나서 열 살이 되기 전에 쓴 글들을 모아 『삼미자집』이라는 책을 묶어 내기도 했어요.

이 책의 제목은 약용이의 별명에서 딴 것이었는데, '눈썹이 세 개인 사람이 지은 책'이라는 뜻이었어요.

약용이는 어릴 때 천연두를 앓아 하마터면 죽을 뻔한 일이 있었어요. 다행히 병은 나았지만 한쪽 눈썹에는 조그마한 흉터가 남았어요. 그 흉터 때문에 눈썹이 세 개처럼 보여서 약용이는 '삼미자'라는 별명을 얻었지요.

열다섯 살 때, 약용이는 아버지를 따라 한성으로 갔어요. 아버지가 한성에서 벼슬을 하게 되었거든요. 같은 해 약용이는 풍산 홍씨 집안의 아가씨와 결혼도 했지요.

한성에서 살게 된 뒤로 약용이는 많은 사람들을 만나 새로운 학문을 배우고 익혔어요. 이익의 책을 처음 본 것도 이즈음이었지요.

그때까지 약용이는 사람이 바르게 사는 도리를 따지는 성리학을 주로 공부했어요. 그런데 이익은 역사, 지리, 천문 등 우리 생활에 실제로 쓰임이 있는 실학을 공부해야 한다고 주장했어요.

　이익의 책을 보면서 약용이의 생각도 조금씩 달라졌어요. 백성이 잘 사는 데 도움이 되는 실학에 관심을 갖게 된 거예요.

그러던 어느 날, 아버지가 약용이를 불렀어요.

"약용아, 이제 너도 나라를 위해 일할 때가 된 것 같구나. 올 겨울에 과거가 있다고 하니, 시험을 보는 것이 어떻겠느냐?"

약용이네 집안에는 유명한 학자와 높은 벼슬을 한 사람들이 많았어요.

약용이도 좋은 관리가 되기 위해 열심히 과거 공부를 했지요.

부지런히 공부한 덕분에 약용이는 스물두 살에 성균관에 들어갔어요. 성균관은 과거 시험을 준비하는 젊은 이들이 공부하도록 나라에서 세운 교육 기관이었어요.

뛰어난 성적으로 성균관에 들어간 약용이는 정조 임금에게 큰 칭찬을 들었어요.

　정조는 백성들이 잘 사는 힘 있는 나라를 만들고 싶어 했어요. 그래서 신하들에게 자주 시험을 보게 했지요. 나랏일을 하는 관리들이 열심히 공부해서 실력을 쌓아야 나라가 잘된다고 생각했거든요.
　성균관에 다니는 동안 정약용은 정조가 내는 시험에서 일 등을 차지하곤 했어요.
　"이번에도 약용의 글이 가장 좋구나. 이번에는 무엇을 선물한다지?"

정조는 좋은 붓과 귀한 책, 질 좋은 종이를 상으로 내려 정약용을 칭찬했어요.

궁궐 안의 다른 관리들은 정조의 사랑을 독차지하는 정약용을 부러워했어요.

"정약용은 좋겠네. 임금이 저렇게 아끼시니 말이야."

"하지만 정약용만 너무 아끼시는 것이 마음에 걸려. 어느새 정약용을 질투하는 사람들이 생겨나지 않았나."

정조는 뒤주에 갇혀 죽은 사도 세자의 아들이었어요. 효성이 지극했던 정조는 억울하게 죽은 아버지를 늘 안타깝게 생각했어요. 한강 건너 수원에 있는 사도 세자의 무덤에도 자주 인사를 드리러 갔지요.

그런데 정조의 수원 행차는 보통 일이 아니었어요. 정조가 길을 나서면 수많은 신하들이 뒤따랐는데, 그 많은 사람들이 한 번에 한강을 건너려면 시간도 오래 걸리고 돈도 많이 들었어요.

"후, 임금님 효성이 지극하신 건 좋은데, 우리 같은 아랫사람들은 좀 힘들어."

1789년 과거에 합격해서 관리기 된 정약용은 가장 먼저 백성들의 수고를 덜어 줄 방법을 고민했어요.

"배를 죽 이은 다음 그 위에 널빤지를 대자. 배로 다리를 만드는 거야."

정약용이 놓은 배다리 덕분에 정조는 이전보다 한결 편하게 아버지의 무덤에 다닐 수 있게 되었어요.

이 일로 정조는 정약용을 더욱 아끼게 되었지요.

1792년 정약용의 아버지가 세상을 떠났어요. 정약용은 벼슬을 그만두고 아버지의 무덤을 지키는 '시묘살이'를 했어요. 조선 시대에는 부모님이 돌아가시면 삼 년간 그 무덤 앞에 움막을 짓고 살면서 부모님의 명복을 빌었거든요.

하지만 정조에게는 정약용이 필요했어요.

그즈음 정조는 수원에 성을 크게 쌓을 계획을 세우고 있었어요. 정조는 정약용에게 책을 보내며 좋은 방법을 생각해 보라고 했어요.

"수원에 새로이 성을 지으려 하네. 성을 짓는 데 드는 돈을 줄이면서 백성들의 수고도 덜 수 있는 방법을 찾아보게."

정약용은 정조가 보내 준 책들을 꼼꼼히 읽으며 고민에 빠졌어요.

정약용이 생각하기에 성을 쌓을 때 가장 큰 문제는 돌을 옮기는 일이었어요. 크고 무거운 돌을 적은 힘으로 옮길 방법을 찾던 정약용은 마침내 거중기를 만들었어요. 도르래의 원리를 이용해 작은 힘으로도 무거운 물건을 쉽게 들 수 있도록 만든 기계였지요.

거중기 덕분에 백성들은 성을 짓는 일에 자주 나오지 않아도 되어 마음 편히 농사를 지을 수 있었어요. 나라에서는 성을 짓는 데 드는 비용을 크게 줄일 수 있었어요. 나라 살림도 아끼고 백성들의 수고도 덜게 된 거예요. 정조는 매우 기뻐했어요.

서른세 살 때, 정약용은 정조의 비밀 명령을 받고 암행어사가 되었어요. 암행어사는 지방 관리들이 백성들을 잘 다스리는지 알아보는 중요한 벼슬이었어요.

어느 날 경기도 연천 지역을 돌던 정약용은 주막에서 들려오는 이야기 소리에 귀가 번쩍 뜨였어요.

"아이고, 못 살겠다. 흉년이 들어 나라에서는 세금을 면제해 주었다는데, 왜 우리 사또는 세금을 걷는 거야? 그걸로 자기 재산 불리려는 속셈을 누가 모를 줄 알고? 흉년이 들어 먹을 것도 없는데 욕심 많은 사또 때문에 아주 죽겠네그려."

정약용은 서둘러 사실을 알아보았어요. 그러고는 백성들의 재물을 빼앗아 자기 배를 불린 연천 현감 김양직을 크게 벌했어요.

 정약용은 경기도 관찰사 서용보의 죄도 밝혀냈어요.
 서용보는 마전군(오늘날 경기도 연천)에 있는 향교(조선 시대에 나라에서 지방에 세운 학교)의 땅을 차지해 그 터를 자기 집안의 묘지로 쓰고 있었어요.
 정약용은 서용보의 잘못을 정조에게 낱낱이 알렸고, 정조는 서용보를 크게 벌했어요. 이 일로 서용보는 정약용에게 원한을 품게 되었지요.
 "젊은 녀석이 임금의 사랑을 등에 업고 방자하게 구는구나. 어디 두고 보자!"

정약용은 암행어사로 일하는 동안 지방 관리가 어떤 마음가짐을 가져야 하는지에 대해 깊이 생각했어요. 지방 관리가 나쁜 짓을 일삼으면 백성들은 어렵게 살 수밖에 없다는 것을 알게 되었거든요. 어릴 때 아버지 옆에서 보았던 백성들의 어려운 삶도 머릿속을 떠나지 않았어요.

　정약용은 뒷날 이런 생각들을 『목민심서』라는 책에 자세히 담았어요.

 그 무렵 조선에는 천주교가 널리 퍼져 있었어요. 정약용의 셋째 형 정약종도 천주교를 믿는 신자였지요.
 그러던 중 천주교 신자가 제사를 지내지 않는다는 것이 알려졌어요. 효를 강조한 유교의 나라 조선에서 그 일은 큰 문제가 되었어요. 나라에서는 제사를 지내지 않는 천주교 신자들을 엄히 다스리기로 했어요.

정약용은 천주교에 대한 책을 읽은 적은 있었지만 천주교 신자는 아니었어요. 하지만 정약용을 눈엣가시로 여기던 사람들은 정조에게 정약용을 벌주라는 글을 올렸어요.
정조는 하는 수 없이 정약용을 한성에서 먼 지방으로 멀리 떠나보냈어요.

황해도 곡산 부사가 된 정약용은 백성들을 잘 다스렸어요.

정약용이 곡산 부사로 부임할 때 이계심이라는 사람이 길을 막은 일이 있었어요.

"저는 이계심입니다. 전에 있던 곡산 부사가 백성을 속여 세금을 많이 걷기에 따졌더니, 도리어 저를 잡아 벌주려 하였습니다. 다행히 천 명도 넘는 사람들이 '이계심을 대신해서 나를 벌하시오.'라고 말해 주어 겨우 도망칠 수 있었습니다. 하지만 언제까지 숨어 살 수 있겠습니까? 이제 새로운 부사가 왔다고 해서 이렇게 제 발로 찾아왔습니다."

정약용은 이계심의 말이 사실인지 잘 알아보았어요. 곧 이계심의 말대로 이전 곡산 부사가 잘못을 저질렀다는 것을 알게 되었지요.

정약용은 이계심을 바로 풀어 주며 말했어요.

"너 같은 사람이 많아야 한다. 억울한 일을 당한 백성은 관가에 그 잘못을 따지는 것이 옳다. 그러지 않아서 관리들이 부패하는 것이다. 너는 무죄다."

정약용의 공정한 판결에 곡산 사람들은 모두 기뻐했어요.

　그 후 정약용은 백성들의 형편에 맞게 세금을 다시 매겼어요. 관청의 관리들이 중간에서 세금을 가로채지 못하도록 제도도 손보았지요. 이전에는, 관리들이 세금으로 베와 무명천을 걷을 때 자의 눈금을 속여서 세금을 더 걷는 일이 많았거든요.

　"아이고, 이제는 못된 관리들이 세금을 더 걷을 수가 없게 되었네그려."

　백성들은 더더욱 정약용을 믿고 따르게 되었어요.

곡산 부사로 있는 동안 정약용은 어린아이들이 많이 걸리는 전염병인 홍역의 치료법을 소개한 『마과회통』이라는 책도 지었어요. 홍역에 걸려도 의원에게 치료 받을 돈이 없어 고통 받는 백성들을 위해 쓴 것이었지요. 아들을 홍역으로 잃은 적이 있는 정약용은 그들의 마음을 누구보다 잘 이해했어요.

백성을 아끼고 사랑하는 정약용 덕분에 곡산은 점점 살기 좋은 곳으로 바뀌었어요.

　1799년 정약용은 다시 한성으로 돌아왔어요. 정조는 정약용에게 형조 참의 벼슬을 내렸어요. 죄를 지은 백성들을 조사하고 벌주는 일을 하는 자리였어요.
　어느 날, 항문에 꼬챙이가 찔려 죽은 사람이 발견되었어요. 수사 끝에 신착실이라는 사람을 붙잡아 와 조사를 시작했어요.
　"신착실이 죽은 사람과 싸우는 것을 제가 봤습니다. 엉덩이를 꼬챙이로 찔러 사람을 참혹하게 죽였으니 큰 벌을 주셔야 합니다."

그러자 신착실이 울면서 억울함을 호소했어요.

"제가 그 사람과 싸운 것은 맞습니다. 하지만 저는 그 사람을 죽이지 않았습니다. 그 사람이 화가 나서 날뛰다가 혼자 꼬챙이에 찔린 것입니다. 억울합니다."

정약용은 사건을 다시 한번 꼼꼼히 살펴보았어요. 그 결과 죽은 사람의 엉덩이에 꼬챙이가 찔린 것은 우연일 뿐, 신착실에게는 죄가 없다는 게 밝혀졌어요.

정약용은 아무리 힘없는 백성이라도 억울하게 죄인으로 몰리는 일이 없도록 늘 최선을 다했어요.

정조는 정약용에게 더욱 높은 벼슬을 내리려고 했어요. 하지만 정약용은 벼슬을 그만두기로 마음먹었어요. 정조의 각별한 사랑을 받는 정약용을 곱지 않은 시선으로 바라보는 사람들이 점점 많아졌거든요. 그들은 툭하면 정약용을 천주교 신자라고 몰아붙이며 벌을 내리라고 했어요.

"임금님은 왜 자꾸 정약용만 아끼시는 거야?"

"이러다가 정약용 편 사람들이 우리보다 힘이 세지는 거 아닌가 몰라."

정약용은 자신이 벼슬을 계속하는 것이 오히려 정조를 힘들게 하는 일이라고 생각했어요. 그래서 스스로 벼슬에서 물러나 고향 마재로 돌아갔어요

 마재로 돌아온 정약용은 집에 '여유당'이라는 글자를 써서 걸었어요.
 '당'은 집이란 뜻이고, '여유'는 여우나 오소리 같은 작은 짐승이 겨울에 냇물을 조심조심 건너는 모습을 뜻해요.

겨울에 차가운 시냇물을 건너는 일은 웬만해서는 하지 않아요. 혹시 물이 얼었다면 얼음이 깨지지 않도록 조심해서 건너야 하지요. 정약용은 작은 짐승이 겨울 시냇물을 건너는 것처럼 조심하고 두려워하는 마음으로 살고자 했어요.

정약용이 마재로 돌아온 지 얼마 지나지 않아 정조가 갑자기 세상을 떠났어요. 자신을 특별히 아껴 줬던 정조이기에 정약용의 슬픔은 더욱 컸어요.
 "전하! 이 나라를 더 살기 좋은 나라로 만드신다더니……. 아직 할 일이 많으신데 이리 갑자기…….."

정조의 뒤를 이어 순조가 왕위에 올랐어요. 열한 살에 왕이 된 순조는 나라를 다스리기에 너무 어려서 증조할머니인 정순 왕후가 대신 나랏일을 했어요.

그러자 정약용을 비롯해 정조의 사랑을 받던 신하들은 큰 어려움을 겪게 되었어요. 정순 왕후는 정약용을 헐뜯던 사람들을 가까이했거든요. 결국 정약용은 경상도 장기(오늘날의 경상북도 포항)로 귀양을 떠나게 되었어요.

 정약용이 장기에서 귀양살이를 시작한 지 얼마 되지 않아 '황사영 백서 사건'이 터졌어요.
 당시 조선에서는 천주교를 금지해서, 천주교를 믿는 사람들을 모두 잡아들였어요. 그러자 천주교 신자인 황사영이 조선에서 천주교를 믿을 수 있도록 도와 달라고 서양에 편지를 썼어요. 백서, 즉 하얀 비단에 깨알같이 작은 글자로 조선에서 천주교를 믿는 사람들이 얼마나 고통 받고 있는지를 적고, 조선에 천주교를 널리 퍼뜨릴 수 있도록 도와 달라고 쓴 거예요.

황사영은 이 편지를 중국에 있는 천주교 신부에게 전하려고 했지만 그전에 들통이 나고 말았어요. 이 일로 온 나라가 발칵 뒤집혔지요.
　"이런 일을 봤나? 이것은 반역이나 다름없네."
　"황사영과 천주교 신자들은 모두 대역 죄인일세."
　사람들은 이 일로 황사영과 천주교 신자들을 더욱 미워하게 되었어요.
　정약용도 입장이 곤란해졌어요. 황사영이 첫째 형 정약현의 사위였거든요.

정약용은 장기에서 한성으로 끌려와 심한 고문과 매질을 당했어요.

"나는 천주교 신자가 아니오. 나는 그저 학자로서 책을 읽었을 뿐이오."

정약용은 천주교 신자가 아니라고 부인했지만 아무 소용 없었어요. 천주교를 믿었다는 이유로 셋째 형 정약종이 죽임을 당했고, 정약용과 둘째 형 정약전은 각각 전라도 강진과 흑산도로 귀양을 가게 되었지요.

정약용과 정약전은 전라도 나주에서 헤어졌어요. 둘 다 한참 동안 말이 없었어요.

"형님, 부디 건강하세요."

"그래, 너도 건강하려무나. 우리 꼭 다시 만나자."

두 형제는 서로의 건강을 당부하며 떨어지지 않는 발걸음을 옮겨 각자의 귀양지로 떠났어요.

장기의 귀양살이도 힘들었지만 강진에서는 더욱 고통스러웠어요. 사람들은 천주교에 얽힌 죄인이라며 정약용을 가까이하려 하지 않았어요.

"이번에 귀양 온 분이 한성에서 높은 벼슬을 하던 분이라며? 돌아가신 임금님께서 그렇게 아끼셨다던데."

"그럼 뭐하나? 그래 봤자 천주학쟁이 아닌가? 천주학쟁이랑 친하게 지내다가 관가에 불려 가면 어쩌려고 그래. 행여 그 사람 근처에는 얼씬도 하지 말게."

정약용은 겨우 주막집의 방 한 칸을 얻어 지내게 되었어요. 좁고 낡은 방이었지만, 정약용은 그 방에 '사의재'라는 이름을 붙이고 몸가짐을 바르게 하려 애썼어요. 사의재는 '맑은 생각과 엄숙한 용모, 과묵한 말씨, 신중한 행동의 네 가지를 마땅히 해야 할 방'이라는 뜻을 담아 지은 이름이었지요.

다행히 강진은 정약용의 외가에서 가까운 곳이었어요. 외가 쪽 친척들의 도움으로 정약용은 다시 책을 읽고 공부를 시작할 수 있었어요.

죄인이라고 정약용을 멀리하던 강진 사람들도 시간이 흐르자 자식들을 데리고 와 글을 가르쳐 달라고 부탁했어요.

"선생님의 학식과 덕망이 높고 크다는 이야기를 들었습니다. 부디 제 자식을 곁에 두고 좋은 가르침을 나누어 주십시오."

"저희 아이도 맡아 주십시오. 선생님께서 공부에만 전념하실 수 있도록 최선을 다해 돕겠습니다."

정약용은 제자들을 가르치면서 더욱 열심히 공부했어요. 귀양살이를 하느라 몸은 힘들었지만, 벼슬을 하던 시절에 못다 했던 공부를 할 수 있어 마음은 한편으로는 기쁘기도 했어요.

세월이 흘러 정약용이 강진에 내려온 지도 어느덧 팔 년이 되었어요.
　정약용은 산기슭의 작은 초가로 집을 옮겼어요. 소란스러운 주막과는 달리 제자들과 함께 공부하기에 적당한 곳이었지요.
　"여기서는 저 멀리 푸른 강진만의 모습을 내려다볼 수 있구나."

초가 뒤편에는 차나무가 많아 '다산'이라 불리는 산이 있었어요. 그래서 그 집의 이름도 '다산 초당'이었지요. 이후 사람들은 다산 초당에서 공부하는 정약용을 '다산'이라는 호(본명 외에 쓰는 이름)로 불렀어요.

외롭고 힘든 귀양살이 중에도 정약용은 책 읽고 글 쓰는 것을 게을리하지 않았어요. 특히 백성들의 생활을 직접 눈으로 보고 귀로 들으면서, 백성들에게 실제로 쓰임이 있는 실학을 더욱 깊이 파고들었지요.

정약용이 강진에 머무는 동안 쓴 책은 무려 오백 권이 넘었어요. 그중 『목민심서』는 암행어사와 지방 관리였던 시절의 경험을 살려 쓴 책이에요. 지방 관리의 바른 마음가짐과 태도에 관한 생각을 담았지요.

『경세유표』에서는 조선이 앞으로 어떻게 해야 잘 살 수 있는가를 설명했어요. 또 우리나라의 옛 영토에 관한 『아방강역고』라는 책을 쓰기도 하고, 음악에 관한 『악서고존』이라는 책을 짓기도 했어요.

정약용은 이 책들에서 실학의 중요 내용들을 모두 다루었어요. 그래서 정약용이 공부하고 연구한 내용들을 수학, 과학처럼 하나의 학문으로 이름 지어 '다산학'이라고 부르기도 해요.

1816년 흑산도에 귀양 가 있던 둘째 형 정약전이 세상을 떠났어요. 정약용은 너무 슬펐지만 갈 수가 없었어요. 귀양살이가 그때까지도 끝나지 않았거든요.

  정약용은 강진으로 귀양 간 지 십팔 년 만에야 마재의 고향 집으로 돌아올 수 있었어요. 참으로 기나긴 시간이었지요. 그사이 넷째 아들 정농장이 죽었고, 아내는 얼굴에 주름이 가득한 할머니가 되어 있었어요.

  고향으로 돌아온 뒤에도 정약용은 책 읽고 글 쓰는 일을 계속했어요. 나라에서 벼슬을 내리려 한 적도 있었지만 정약용은 더욱더 공부에 힘을 쏟았지요.

1836년 봄, 정약용은 회혼(부부가 결혼한 지 육십 년이 되는 날)을 앞두게 되었어요. 곳곳에서 제자들이 정약용의 회혼을 축하하기 위해 모여들었어요.

　"선생님의 연세가 높으시니 회혼에는 다 함께 모여 축하를 드리세."

　그러나 회혼 날인 음력 2월 22일, 정약용은 가족과 친척, 제자들이 모두 모인 가운데 조용히 세상을 떠났어요.

　"내가 죽으면 우리 집 뒷동산에 묻어다오. 무덤도 크게 하지 말고, 그저 조용히 묻어다오."

세상을 떠난 후에도 정약용은 많은 사람들의 마음속에 살아 있어요. 사람들은 어려운 일에 맞닥뜨릴 때마다 정약용이 남긴 책들을 읽으며 답을 구하지요.

　좋은 관리가 되고자 하는 사람은 『목민심서』를 읽었고, 공평한 판결을 내리고자 하는 사람은 『흠흠신서』를 공부했어요. 국어의 음운에 대해 알고 싶은 사람은 『아언각비』를, 나라의 제도에 대해 궁금한 사람은 『경세유표』를 읽었지요.

　인생의 많은 부분을 귀양지에서 보내면서도 백성들의 어려움을 해결하고자 공부를 게을리하지 않았던 다산 정약용. 자신의 공부를 통해 백성과 나라에 보탬이 되고자 애쓴 정약용은 지금도 올곧은 학자와 정치가의 본보기로 손꼽혀요.

♣ 사진으로 보는 정약용 이야기 ♣

세상을 바꾸려 한 실학자들

　17세기 후반 조선에는 '실학'이라는 새로운 학문을 연구하는 학자들이 나타났어요. 이들은 '실학자'라고 불리며 실제 생활에 쓰임이 있는 학문을 연구하는 것을 중요하게 여겼어요. 그전까지 조선의 학자들과 정치가들이 실생활과 동떨어진 성리학을 공부하며, 우주의 질서와 인간의 도리를 따지던 것과는 큰 차이가 있었지요.

1974년에 그려진 정약용의 초상화예요. 정약용은 실학자로서 실생활의 어려움을 해결하는 데 도움이 되는 실용적인 학문에 관심이 많았어요.

수원 화성 박물관에 있는 거중기의 모습이에요. 1792년 정약용은 수원 화성을 쌓을 때 거중기를 만들어 백성들의 수고를 덜어 주려 했어요. 어떻게 하면 백성들이 조금 더 편하게 성을 쌓을 수 있을지 고민한 결과지요.

실학자들은 무엇보다 백성들의 삶에 관심을 갖고, 백성들이 잘 살 수 있는 방법을 찾으려고 애썼어요. 하지만 그 방법에 있어서는 학자들마다 조금씩 생각이 달랐지요.

유형원, 이익, 정약용 같은 학자들은 농업을 중시하여 잘못된 토지 제도를 바로잡아야 한다고 생각했어요. 반면 박지원, 박제가, 홍대용 등은 청나라의 앞선 기술과 문화를 받아들여 상업과 공업을 발전시키는 데 관심을 쏟았지요.

그 외에 우리나라의 역사와 지리와 언어에 대해서 관심을 갖고 연구한 실학자들도 많았어요. 『동사강목』을 지어 고조선부터 고려 말까지의 우리 역사를 체계적으로 정리한 안정복, 발해의 역사를 다룬 『발해고』를 쓴 유득공, 조선 시대 최고의 지도인 「대동여지도」를 만든 김정호, 각 지역의 지리적 특징과 경제생활과 풍속 등을 정리한 『택리지』를 쓴 이중환, 한글을 연구한 신경준과 유희 등이 모두 우리 역사와 문화를 연구한 실학자들이지요.

실학의 선구자들

효종 때의 학자인 유형원(1622~1673년)은 농촌 문제에 관심이 많아 『반계수록』이라는 책에서 토지 제도 개혁을 주장했어요. 당시는 몇몇 양반들이 땅을 다 차지해서 가난한 농민들은 농사지을 땅이 없었어요. 땅을 빌려 농사를 짓는 농민들은 아무리 열심히 일해도 형편이 나아지지 않았고, 견디다 못해 도적이 되는 농민들도 많았어요. 나라에 세금을 내는 농민이 가난해지자 나라 살림도 점점 어려워졌지요.

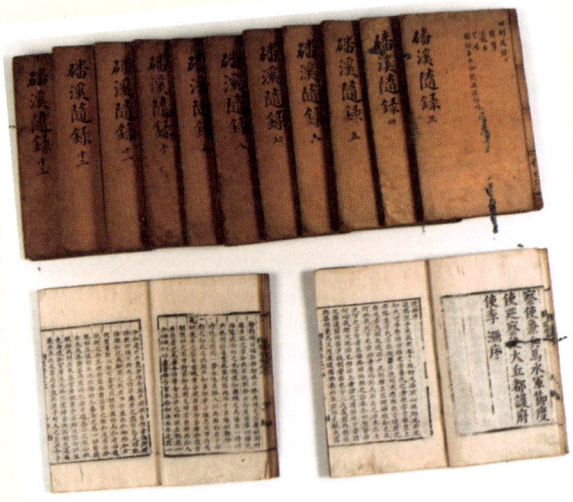

『반계수록』이에요. 유형원은 이 책에서 "토지 제도를 바로잡지 않으면 백성의 생활은 영원히 안정될 수 없을 것이다."라고 썼어요.

이에 유형원은 일단 모든 땅을 나라의 것으로 한 다음, 관리, 선비, 농민 등 신분에 따라 백성들에게 골고루 나누어 주자고 주장

박지원(왼쪽)과 이익(오른쪽)이에요. 실학자들은 현실의 문제점을 고쳐 나가기 위해 여러 가지 개혁을 주장했지만, 그 방법에 있어서는 차이가 있었어요.

했어요. 하지만 당시의 벼슬아치들은 유형원의 주장을 받아들이지 않았고, 유형원의 토지 개혁안은 실현되지 못했어요.

영조 때의 학자인 이익(1681~1763년) 역시 유형원처럼 토지 제도가 바뀌어야 농업이 바로 서고, 농민 생활이 안정된다고 생각했어요. 하지만 토지 제도를 개혁하는 방법에 대해서는 유형원과 생각이 달랐어요.

이익은 『성호사설』이라는 책에서 한 집에 꼭 필요한 땅의 크기를 정한 다음, 그 땅보다 많이 갖고 있는 집은 땅을 늘리지 못하게 하고, 적게 갖고 있는 집은 땅을 늘릴 수 있게 하자고 주장했어요. 양반들의 땅을 억지로 빼앗는 게 불가능하다면 최소한 농민들이 살아가는 데 꼭 필요한 땅만큼은 지켜 주려 한 거예요.

『성호사설』에는 토지 제도뿐 아니라 다양한 사회 문제에 대한 이익의 생각이 담겨 있어요. 예를 들어 이익은 당파 싸움(정치적 생각이 다른 양반들끼리 대립하는 것)의 원인을 양반이 너무 많기 때문이라고 보고, 과거 시험의 횟수와 합격자 수를 줄여 양반의 수를 줄이자고 주장했어요.

박지원(1737~1805년)은 나라가 부유하고 강해지려면 농업도

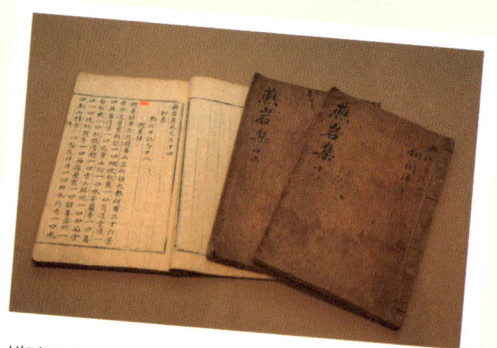

박지원이 지은 『열하일기』예요. 『열하일기』는 박지원이 청나라에 다녀온 뒤 쓴 기행문이지만, 「허생전」, 「호질」 같은 재미있는 소설도 들어 있어요.
이 소설들을 통해 박지원은 당시 양반의 횡포와 잘못된 점을 날카롭게 꼬집었지요.

중요하지만 상업과 공업을 발전시켜야 한다고 믿었어요. 기술을 개발해 생산력을 높이고, 쌀이나 베 대신 화폐로 거래를 하며, 수레나 배 같은 교통수단을 발전시켜 상품이 막힘없이 흐를 수 있도록 해야 한다고 생각했지요. 특히 1780년 청나라를 돌아본 뒤에는 청나라의 발달된 기술과 문화를 적극적으로 받아들여야 한다고 주장했어요. 당시 조선의 양반들은 청나라를 오랑캐의 나라라고 깔보았지만, 박지원은 배울 건 배워야 한다고 생각했어요.

정약용이 쓴 책들

정약용은 1801년에 강진으로 귀양을 떠나 무려 십팔 년 동안이나 귀양살이를 했어요. 이 기간 동안 정약용은 오백여 권의 책을 썼는데 이 책들에는 실학의 핵심이 총망라되어 있지요.

정약용이 쓴 책 중 가장 널리 알려진 『목민심서』는 지방 관리의 잘못을 꼬집으며 백성을 다스리는 바른 도리에 대해 쓴 책이에

정약용이 쓴 『목민심서』(왼쪽)와 『경세유표』(오른쪽)예요.

요. 이 책에서 정약용은 지방 관리가 바르지 못하면 백성들이 어떤 괴로움을 겪게 되는지를 예를 들어 가며 자세히 설명했어요. 아무리 나라에서 백성을 위하는 방법을 내놔도 지방 관리가 백성들을 바르게 다스리지 못하면 아무 소용이 없다고 생각했기 때문이지요.

『경세유표』는 정치, 사회, 경제 제도를 바로잡아 조선을 부유하고 힘 있는 나라로 만들 방법을 연구한 책이에요. 나라의 각종 제도에

정약용이 귀양살이를 한 '다산 초당'이에요. 전라남도 강진에 있는 이 집에서 정약용은 제자들을 가르치며 수많은 책을 썼어요.

대해 과거와 현재의 여러 가지 사례를 들어 문제점을 지적하고 어떻게 바꾸어야 할지에 대해 썼지요.

　귀양살이를 끝내고 고향에 돌아와 쓴 『흠흠신서』는 재판과 형벌을 공정하게 처리하는 방법을 담은 책이에요. 재판관의 실수로 백성들이 억울하게 옥살이를 하는 일이 없도록 하기 위해 쓴 것이지요.

정약용과 정조

　조선의 22대 왕인 정조는 당파 싸움으로 스러져 가는 정치를 바로잡아 백성들이 살기 좋은 나라를 만들고 싶어 했어요. 이를 위해 정조는 당파와 신분에 관계없이 젊고 재능 있는 신하들을 많이 뽑아 썼어요. 그중에서도 특히 정약용에게는 귀한 책을 주거나 어려운 과제를 내리며 각별한 관심을 기울였지요.

정조가 세운 왕실 도서관 규장각이에요. 정조는 나라를 개혁하기 위해 재능 있고 젊은 학자들을 많이 뽑아 썼어요. 그 학자들이 주로 근무하던 곳이 바로 규장각이지요.

　정약용이 정조와 처음 만난 것은 성균관 학생으로 있을 때였어요. 정조가 내는 시험마다 뛰어난 성적을 거둔 정약용은 상으로 많은 책을 받았어요.

　정약용에 대한 정조의 믿음이 더욱 강해진 것은 한강을 가로지

르는 '배다리'를 만들었을 때예요. 정조는 매년 봄 아버지 사도 세자의 묘에 가기 위해 한강을 건넜는데, 돈이 많이 드는 데다 위험해서 늘 문제가 되었어요. 이에 정약용은 한강을 오가며 장사하는 배들을 모아 연결한 다음 판자를 깔아 정조와 수백 명의 신하들이 안전하게 한강을 건널 수 있도록 했어요.

또한 정조는 1792년 시묘살이 중이던 정약용을 불러 지금의 경기도 수원에 화성을 세울 계획안을 만들게 했어요. 정약용은 조선과 청나라의 성곽 건축법을 바탕으로 독창적인 계획안을 내놓았을 뿐 아니라, 거중기 같은

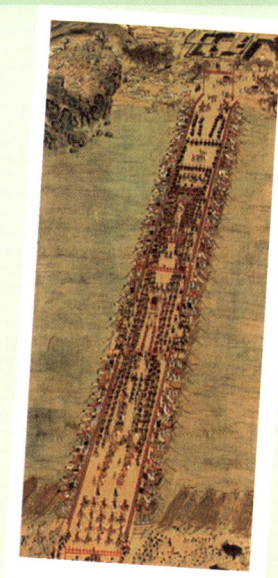

정약용이 만든 배다리는 지금의 서울 노량진 쪽의 한강에 세워졌어요. 수십여 척의 배를 나란히 세운 다음 그 위에 판자를 깔고 흙으로 한 번 더 덮어서 다리를 만들었지요.

수원 화성의 남쪽 문인 팔달문이에요. 성문 앞에 벽돌로 반원 모양의 둥근 성을 쌓아 성문을 보호했어요.

새로운 기계를 만들어 성곽 건축에 드는 돈과 백성들의 수고를 크게 줄였어요.

비교하면 더 재미있는 역사의 순간

◆ 1762년
지금의 경기도 남양주에 있는 마재에서 태어남.

~1760   **1760**

● 1670년
유형원이 『반계수록』을 지음.

● 1760년경
이익의 『성호사설』이 편찬됨.

◆ 1792년
수원 화성을 설계하고, 거중기를 개발함.

◆ 1801년
전라도 강진으로 귀양을 떠남.

◆ 1794년
경기도 지방에서 암행어사로 일함.

◆ 1808년
다산 초당으로 집을 옮기고 책 읽기와 글쓰기에 몰두함.

1790   **1800**

◆ 정약용의 생애
● 조선 후기 실학 연구의 역사

1777년
이익의 『성호사설』을
읽고 실학에 관심을 갖게
됨.

1785년
성균관에 들어감.

1770　　　　　**1780**

1778년
안정복이 『동사강목』을
완성함.

1780년
박지원이 청나라를
여행하고 『열하일기』를
지음.

1818년
귀양에서 풀려나
고향으로 돌아옴.
『목민심서』를 완성함.

1836년
세상을 떠남.

1810　　　　　**1830~**

1861년
김정호가
「대동여지도」를 만듦.

추천사
「새싹 인물전」을 펴내면서

요즈음 아이들에게 '훌륭한 사람'이 누구냐고 물으면 '돈 많이 버는 사람'이라고 대답한다고 합니다. 초등학생의 태반은 가수나 배우가 되고 싶어 하고요. 돈 많이 버는 사람이나 연예인이라는 직업이 나쁘다는 것이 아니라, 아이들이 각자가 갖고 있는 재능과는 상관없이 모두 똑같은 꿈을 갖는 것 같아 걱정입니다. 또 한편으로는 아이들이 진정 마음으로 닮고 싶은 사람에 대한 정보가 부족한 것은 아닌가 하는 생각도 듭니다.

어릴수록 위인 이야기의 힘은 큽니다. 아직 어리고 조그마한 아이들은 자신이 보잘것없다고 생각하고 위인들의 성공에 감탄합니다. 하지만 그네들에게는 끝없이 열린 미래가 있습니다. 신화처럼 빛나는 위인들의 모습은 아이들에게 훌륭한 역할 모델이 되고, 그런 삶을 살기 위해 무엇을 어떻게 해야 할지를 알려 주는 밝은 등대가 됩니다.

그렇다면 우리가 어른으로서 아이들에게 권해야 할 위인전은 무엇일까요? 보통 우리가 생각하는 '위인'은 훌륭한 업적을 남긴

위대한 사람, 넛지고 능력 있는 사람입니다. 하지만 시대가 변했으니 아이들이 역할 모델로 삼을 수 있는 위인의 정의나 기준도 변해야 할 것입니다.

그런 의미에서 비룡소의 「새싹 인물전」은 종래의 위인전과는 다른 점이 많습니다. 시리즈 이름이 '위인전'이 아닌 '인물전'이라는 데 주목하기 바랍니다. 「새싹 인물전」은 하늘에서 빛나는 위인을 옆자리 짝꿍의 위치로 내려놓습니다. 만화 같은 친근한 일러스트는 자칫 생소할 수 있는 옛사람들의 이야기를 일상에서 만날 수 있는 재미있는 사건처럼 보여 줍니다.

또 하나, 「새싹 인물전」에는 위인전에 단골로 등장하는 태몽이나 어린 시절의 비범한 에피소드, 위인 예정설 같은 과장이 없습니다. 사실 이런 이야기들은 현대를 사는 아이들에게는 황당하고 이해하기 힘든 일일 뿐입니다. 그보다는 천 리 길도 한 걸음부터, 큰 성공도 자잘한 일상의 인내와 성실함이 없었다면 이루어질 수 없었다는 것을 알려 주는 것이 중요합니다. 세상 사람들의 우러름을 받는 이들도 여느 아이들과 같은 시절을 겪었음을 보여 줌으로써, 아이들에게 괜한 열등감을 주지 않고 그네들의 모습을 마음속에 담을 수 있도록 해 주는 것입니다.

　덧붙여 위인전이란 그 인물이 얼마나 훌륭한 업적을 남겼는가 보여 주는 것도 중요하지만, 얼마나 참된 인간다움을 보였는가를 알려 줄 필요도 있습니다. 여기서 '인간다움'이란 기본적인 선함과 이해심, 남을 위해 봉사할 수 있는 사랑과 배려, 그리고 한 가지 목표를 설정하고 앞으로 나아갈 수 있는 의지와 용기를 말합니다. 성취라는 결과보다는 성취하기 위한 과정을 보여 주고, 사회적인 성공보다는 한 인간으로서 얼마나 자기 자신에게 철저하고 진실했는지를 보여 주는 것이 중요하다는 것입니다.

　하지만 아무리 좋은 가르침도 사랑과 따뜻함이 없으면 억누름과 상처가 될 뿐이겠지요.「새싹 인물전」은 나의 노력과 의지에 따라 얼마든지 의미 있는 삶을 살 수 있음을 알려 줍니다. 내가 알고 있는 삶 외에도 또 다른 삶이 존재할 수 있다는 것, 꿈을 키우고 이

무어 가는 과정에서 배우고 경험하게 되는 것들의 가치, 그런 따뜻함을 담고 있는 위인전입니다. 부디 이 책이 삶의 첫발을 내딛는 아이들에게 좋은 길잡이가 되었으면 하는 바람입니다.

기획 위원

박이문(전 연세대 교수, 철학)
장영희(전 서강대 교수, 영문학)
안광복(중동고 철학 교사, 철학 박사)

● 책 속에 나온 사진은 다음과 같은 곳에서 제공했습니다.
62, 68쪽_ 중앙 포토. 63쪽_ ⓒ잉여 빵/ 위키피디아. 64~66쪽, 67쪽(위)_ 연합 뉴스.
67쪽(아래), 69쪽(아래)_ 두산 엔싸이버. 69쪽(위)_ 국립 고궁 박물관.

글쓴이 김은미
이화 여자 대학교 국어 국문학과, 이화 여자 대학교 및 부산 대학교 대학원에서 공부했다. 지은 책으로 『허난설헌』, 『특별한 날 먹는 특별한 음식』, 『정약용의 편지』, 『고운 최치원, 나루에 서다』(공저), 『퇴계 달중이를 만나다』(공저), 『다산, 그에게로 가는 길』(공저) 등이 있다.

그린이 홍선주
다양한 어린이 책에 그림을 그렸다. 그린 책으로 『초정리 편지』, 『나랑 같이 밥 먹을래?』, 『7월 32일의 아이』, 『흰산 도로랑』, 『내 이름은 3번 시다』 등이 있다.

새싹 인물전 **정약용**
035

1판 1쇄 펴냄 2010년 9월 17일   1판 18쇄 펴냄 2020년 9월 15일
2판 1쇄 찍음 2021년 5월 3일   2판 1쇄 펴냄 2021년 5월 28일

글쓴이 김은미   그린이 홍선주
펴낸이 박상희   편집 이지은, 전지선   디자인 박연미, 지순진
펴낸곳 **(주)비룡소**   출판등록 1994.3.17. (제16-849호)
주소 06027 서울시 강남구 도산대로1길 62 강남출판문화센터 4층
전화 영업 02)515-2000 팩스 02)515-2007 편집 02)3443-4318, 9   홈페이지 www.bir.co.kr
제품명 어린이용 각양장 도서   제조자명 **(주)비룡소**   제조국명 대한민국   사용연령 3세 이상

ⓒ 김은미, 홍선주, 2010. Printed in Seoul, Korea

ISBN 978-89-491-2915-0 74990
ISBN 978-89-491-2880-1 (세트)

「새싹 인물전」 시리즈

- 001 **최무선** 김종렬 글 이경석 그림
- 002 **안네 프랑크** 해리엇 캐스터 글 헬레나 오웬 그림
- 003 **나운규** 남찬숙 글 유승하 그림
- 004 **마리 퀴리** 캐런 월리스 글 닉 워드 그림
- 005 **유일한** 임사라 글 김홍모·임소희 그림
- 006 **윈스턴 처칠** 해리엇 캐스터 글 린 윌리 그림
- 007 **김홍도** 유타루 글 김홍모 그림
- 008 **토머스 에디슨** 캐런 월리스 글 피터 켄트 그림
- 009 **강감찬** 한정기 글 이홍기 그림
- 010 **마하트마 간디** 에마 피시엘 글 리처드 모건 그림
- 011 **세종 대왕** 김선희 글 한지선 그림
- 012 **클레오파트라** 해리엇 캐스터 글 리처드 모건 그림
- 013 **김구** 김종렬 글 이경석 그림
- 014 **헨리 포드** 피터 켄트 글·그림
- 015 **장보고** 이옥수 글 원혜진 그림
- 016 **모차르트** 해리엇 캐스터 글 피터 켄트 그림
- 017 **선덕 여왕** 남찬숙 글 한지선 그림
- 018 **헬렌 켈러** 해리엇 캐스터 글 닉 워드 그림
- 019 **김정호** 김선희 글 서영아 그림
- 020 **로버트 스콧** 에마 피시엘 글 데이브 맥타가트 그림
- 021 **방정환** 유타루 글 이경석 그림
- 022 **나이팅게일** 에마 피시엘 글 피터 켄트 그림
- 023 **신사임당** 이옥수 글 변영미 그림
- 024 **안데르센** 에마 피시엘 글 닉 워드 그림
- 025 **김만덕** 공지희 글 장차현실 그림
- 026 **셰익스피어** 에마 피시엘 글 마틴 렘프리 그림
- 027 **안중근** 남찬숙 글 곽성화 그림
- 028 **카이사르** 에마 피시엘 글 레슬리 뷔시커 그림
- 029 **백남준** 공지희 글 김수박 그림
- 030 **파스퇴르** 캐런 월리스 글 레슬리 뷔시커 그림
- 031 **유관순** 유은실 글 곽성화 그림
- 032 **알렉산더 벨** 에마 피시엘 글 레슬리 뷔시커 그림
- 033 **윤봉길** 김선희 글 김홍모·임소희 그림
- 034 **루이 브라유** 테사 포터 글 헬레나 오웬 그림
- 035 **정약용** 김은미 글 홍선주 그림
- 036 **제임스 와트** 니컬라 백스터 글 마틴 렘프리 그림
- 037 **장영실** 유타루 글 이경석 그림
- 038 **마틴 루서 킹** 베르나 윌킨스 글 린 윌리 그림
- 039 **허준** 유타루 글 이홍기 그림
- 040 **라이트 형제** 김종렬 글 안희건 그림
- 041 **박에스더** 이은정 글 곽성화 그림
- 042 **주몽** 김종렬 글 김홍모 그림
- 043 **광개토 대왕** 김종렬 글 탁영호 그림
- 044 **박지원** 김종광 글 백보현 그림
- 045 **허난설헌** 김은미 글 유승하 그림
- 046 **링컨** 이명랑 글 오승민 그림
- 047 **정주영** 남경완 글 임소희 그림
- 048 **이호왕** 이영서 글 김홍모 그림
- 049 **어밀리아 에어하트** 조경숙 글 원혜진 그림
- 050 **최은희** 김혜연 글 한지선 그림
- 051 **주시경** 이은정 글 김혜리 그림
- 052 **이태영** 공지희 글 민은정 그림
- 053 **이순신** 김종렬 글 백보현 그림
- 054 **오드리 헵번** 이은정 글 정진희 그림
- 055 **제인 구달** 유은실 글 서영아 그림
- 056 **가브리엘 샤넬** 김선희 글 민은정 그림
- 057 **장 앙리 파브르** 유타루 글 하민석 그림
- 058 **정조 대왕** 김종렬 글 민은정 그림
- 059 **나폴레옹 보나파르트** 남찬숙 글 남궁선하 그림
- 060 **이종욱** 이은정 글 우지현 그림

061 **박완서** 유은실 글 이윤희 그림
062 **장기려** 유타루 글 정문주 그림

*계속 출간됩니다.